Zur Theorie und Praxis der Wertzuwachssteuer

von

Dr. Hans von Kap-herr

München und Leipzig 1914
Verlag von Duncker & Humblot

Alle Rechte vorbehalten

Das Reichszuwachssteuergesetz vom Jahre 1911 ist für den Anteil des Reiches wieder aufgehoben, und es ist den Bundesstaaten freigestellt worden, diesen Anteil sich anzueignen. Der größte Bundesstaat scheint von diesem Rechte keinen Gebrauch machen zu wollen, in Bayern aber ist ein Gesetz von der Regierung dem Landtag zur Genehmigung vorgelegt worden, welches den Reichsanteil in Anspruch nimmt. In letzter Stunde dürfte es angebracht sein, sich über Wesen und Wirkung des Gesetzes klar zu werden.

Das Gesetz ist ein Ausnahmegesetz für den Grundbesitz. Es trifft nicht etwa wie das neue Reichsbesitzsteuergesetz (Vermögenszuwachssteuergesetz) den Zuwachs des gesamten Vermögens, sondern gerade nur den Zuwachs im Werte des Grundbesitzes, und zwar eines einzelnen Grundbesitzteils, nicht etwa des gesamten Grundbesitzes in einer Hand, so daß ein Verlust in einem Teile durch einen Gewinn in anderen Teilen ausgeglichen werden könnte; es fragt einfach, ob ein bestimmtes Grundstück im Laufe der letzten 30 Jahre an Wert zugenommen habe oder nicht, und dadurch bestimmt es den Anteil des Staates und der Gemeinde an dem Gewinn, und zwar einen hohen Anteil, der bei einer Wertsteigerung um das Doppelte 20% und bei Wertsteigerung um das Dreifache 30% betragen kann.

Es ist ferner ein Gesetz mit rückwirkender Kraft auf die letzten 40 oder 30 Jahre; es kümmert sich nicht darum, ob in diesen Jahren die Löhne und Fleischpreise um das Doppelte gestiegen sind, ob der Geldwert im ganzen gesunken ist, gerade nur die Wertsteigerung des Grundbesitzes nimmt es aus dem wirtschaftlichen Organismus heraus, um ihn zu besteuern. Eine solche Wertsteigerung kommt in Deutschland am häufigsten in den Außenbezirken der Städte oder in der städtischen Umgebung vor. Das Wertzuwachsproblem ist bei uns ein Problem des Städtebaues und man kann drei Formen unterscheiden, bei denen sich eine Steigerung vornehmlich geltend macht.

Zunächst einmal bei dem Grundbesitz in der Hand des Händlers, des sogenannten Grundstückspekulanten, der die Aufgabe hat, durch Zusammenkaufen von Grundstücken aus verschiedenen Händen, durch Aufstellung von Bebauungsplänen, durch Straßenbauten Grundstücke für die künftige Bebauung vorzubereiten. Es kommt auch vor, daß er einfach Grundstücke kauft, weil er ihnen eine Zukunft zuschreibt, und in Ruhe den Lauf der Dinge abwartet. Jedenfalls der Händler ist ein Kaufmann und er wird sein Geschäft nach kaufmännischen Grundsätzen betreiben. Ein Kaufmann aber hat mit Verlustgeschäften zu rechnen; er wird immer handeln wie der Mann im Evangelium, der alles verkauft, um die köstliche Perle zu erwerben, von der er den großen Gewinn erhofft. Wenn ihm nun der Staat den Gewinn aus seinem Geschäfte zum großen Teile nimmt, so wird er kaum in der Lage sein, die Verluste auszugleichen.

Oder wir denken an einen Privatmann, der einen Garten in der Umgebung der Stadt besitzt, welcher mit der Bebauung der Nachbargrundstücke im Werte steigt. Nun ist es eine Eigentümlichkeit des Grundstückhandels, daß nur periodenweise überhaupt Geschäfte gemacht werden, während in langen Zwischenzeiten der Handel vollständig ruht und die verkäuflichen Grundstücke ohne Ertrag liegen bleiben. Grundstücke sind eben keine verzehrbaren Waren, nach denen unter allen Umständen eine Nachfrage — wenn auch zu wechselnden Preisen — vorhanden ist. Die notwendige Folge dieser Eigentümlichkeit des Grundstückhandels ist, daß andere Werte der Erhaltung eines Grundstückes geopfert werden. Wenn nun der Besitzer eines solchen Gartens diesen halten will, weil er an seinen zukünftigen Wert glaubt und weil er sich vielleicht auch schwer von dem ihm lieb gewordenen ererbten Besitz trennt, dann wird er andere Vermögenswerte opfern müssen, und er wird auch wohl sein Grundstück mit Hypotheken belasten. Dies spielt für die Steuer keine Rolle. Gelingt es ihm schließlich, seinen Grundbesitz zu veräußern, so muß er den vollen Betrag der Steuer zahlen, obgleich er vielleicht tatsächlich verarmt ist.

Häufig kommt es vor, daß ein Bauer in der Nähe der Stadt einen Teil seines Grundbesitzes, ein oder zwei Äcker, an einen Bauherrn verkauft, der darauf ein Haus errichten will. Er verkauft das Land als Bauplatz und erzielt einen viel höheren Wert, als der landwirtschaftliche Wert des Ackers war, den er früher bearbeitet hat. Auch hier verfährt das Gesetz ganz schematisch. Es fragt, was war dein Acker wert, da du ihn gekauft hast, oder was war er wert im Jahre 1885 oder vor 40 Jahren nach landwirtschaftlicher Taxe. Das Gesetz fragt nicht, was würdest du im Jahre 1885 oder damals, als du dein Gut kauftest, von einem Bauherrn verlangt haben, der dir einen Bauplatz abkaufen wollte. Nein, es straft den Bauer dafür, daß er seinen Acker nicht zum landwirtschaftlichen Werte verkauft. Dieses ist aber eine große Unbilligkeit gegenüber dem Bauern. Denn es bedeutet der Verlust eines Ackers für den Bauern in der Regel viel mehr als den Verlust des landwirtschaftlichen Wertes des Ackers. Ein Bauernhof ist schließlich ein Organismus, die Gebäude, das Inventar sind eingerichtet für die gegebene Größe eines Gutes, und Ersatz kann der Bauer auch nur schwer finden, weil einzelne Grundstücke in der Nachbarschaft selten käuflich sind. Darum muß er einen verhältnismäßig hohen Preis verlangen. Das Geld hat für ihn bei weitem nicht den Wert, wie für den Städter — mit dem Gelde weiß er nichts anzufangen. Das Land aber, das der Bauer in Händen hatte, war für ihn kein totes Objekt, es war überhaupt keine Kapitalsanlage, sondern es war sein Betriebsmaterial. Denn der Bauer ist ein Arbeiter wie der Handwerker auch, nimmst du ihm das Land, so nimmst du ihm das Handwerkszeug seiner Bauernkunst. Wenn ferner bäuerlicher Besitz in den Bereich der Stadt gezogen wird, so wird der Bauer in wirtschaftlicher Beziehung gleichsam aus dem Sattel geworfen; er ist großen Gefahren und Schädigungen ausgesetzt, für die er durch die hohe Bewertung einzelner Grundstücke keinen Ersatz findet. In erster Linie steigen die Löhne der Arbeiter und Knechte, es steigen ihre Ansprüche an Nahrung und Wohnung, der Herr kann nicht schlechter leben als sein Gesinde, und so muß er auch seine eigene Lebenshaltung heben. Es wachsen die Ansprüche seiner Kinder; es schwinden überhaupt die ländlichen Begriffe, auf die er seine Wirtschaft gründete; es hat dann keinen Zweck mehr, ein guter Bauernwirt zu sein, und so kommt es vor, daß ein solcher Hof durch Jahrzehnte unrentabel bleibt und der Bauer sich nur halten kann, weil die Bank seinen Besitz höher bewertet und ihm höhere Hypotheken stellt, oder weil er sonstige Geldgeber findet. Werden dann einzelne Grundstücke endlich verkauft, so ist er oft in dem Grade verschuldet, daß er tatsächlich keinen Gewinn davon hat. Trotzdem muß er einen großen Teil der Wertsteigerung aus dem Grundstücksverkauf dem Staate abgeben.

Dies sind nun freilich besonders ungünstige Fälle, die ich herausgegriffen habe. Ihnen stehen große Gewinne aus Grundstücksverkäufen gegenüber. Aber mehr oder weniger werden sich die hier entwickelten Momente überall geltend machen.

Im ganzen können wir sagen, daß die Steuer eine Konfiskation von Kapital bedeutet. Es wird nicht ein Teil des jährlichen Ertrages von Arbeit und Gewinn in Anspruch genommen, sondern es wird von bestehenden Werten ein Teil genommen. Nun rechnet das Leben und die Lebenshaltung überall mit bestehenden Werten, mögen diese nun realisierbar sein oder auf Schätzung beruhen, und der Geschäftsmann, der auch mit Verlusten zu rechnen hat, kann sich einen solchen Abzug ohne Gefährdung seines Geschäftes nicht gefallen lassen.

Die Tendenz des Gesetzes geht dahin, die Spekulation in Grundwerten zu unterbinden, das Land, sagt man wohl, ist etwas anderes als das Kapital. In Kapital darfst du spekulieren, aber das Land ist etwas Heiliges, das allen zugute kommen soll. Es darf nicht von einzelnen zum Nachteil anderer beansprucht werden.

Welches sind die Motive, die zu diesem Gesetz geführt haben? Wir haben in den letzten Jahrzehnten in Deutschland die Erfahrung gemacht, daß große Vermögen durch den Besitz von Grund und Boden in der Peripherie der Großstädte erworben sind ohne wesentliches Zutun der Besitzer. Wir haben auch Perioden erlebt, da die gewerbsmäßige Bodenspekulation häßliche Erscheinungen gefördert hat. Vor allem aber erhebt sich die Klage, daß durch das Aufkaufen und Festhalten von Grundstücken der Boden in der Umgebung der Städte künstlich im Werte gesteigert wird, was wiederum eine Steigerung der Mieten mit sich bringt, unter welcher namentlich die arbeitende Bevölkerung zu leiden hat. Auf alle Gebiete erstreckt sich die Verteuerung, welche durch die steigenden Bodenpreise bewirkt wird. Die Arbeit wird verteuert, weil der Arbeiter hohe Miete zahlt, und der hohe Arbeitslohn verteuert wiederum die Produkte der Industrie und Landwirtschaft. Das ganze Volk, sagt man, zahlt einen Tribut an den Grundbesitzer, einen Tribut, den er nicht verdient hat, den er ohne eigene Tätigkeit gewonnen hat, einen Tribut, der eigentlich der Gemeinschaft zukommt, und den Reich, Staat und Gemeinde in der Zuwachssteuer für sich in Anspruch nehmen sollen. Diese Lehre, wie sie namentlich von den Bodenreformern unter Führung von Damaschke verbreitet worden ist, stützt sich auf eine Theorie, welche nicht deutschen Ursprungs ist und welche auch nicht von dem Wertzuwachs des städtischen Grundbesitzes ausgegangen ist. Sie untersuchte die Grundlagen des wirtschaftlichen Lebens zur Zeit des Aufschwungs der englischen Industrie und Landwirtschaft seit der Mitte des 18. Jahrhunderts. In England ist der Grund und Boden wesentlich in der Hand vornehmer Grundherren, welche ihren Besitz, den ländlichen sowohl als den städtischen, in Leihe vergeben an den ländlichen

Pächter und an den städtischen Hausbesitzer, an letzteren in der Regel in der Form eines Pachtvertrages auf 99 Jahre. Der Grund und Boden des größten Teiles von London gehört wenigen Grundbesitzern, aber auch die Fabrikherren und die Farmer, welche das Land bewirtschaften, sind selten Eigentümer des Grundes. Es besteht in England eine prinzipielle Trennung zwischen dem Eigentum an Boden und dem Eigentum an dem, was auf dem Boden steht — eine Trennung, wie wir sie auf dem Kontinent nicht kennen.

Die Rente des Bodens nun gibt einen Ertrag ohne Arbeit. Während das Einkommen des Fabrikbesitzers, des landwirtschaftlichen Pächters, des Arbeiters von der Theorie als Ertrag seiner Arbeit angesehen wurde, fiel dem Eigentümer des Grund und Bodens sein Einkommen ohne Arbeit zu. Darauf stützte sich dann die Unterscheidung von drei produktiven Faktoren der Wirtschaft: Grundrente, Kapital und Arbeit. Die Theorie kam dann dahin, alles berechtigte Einkommen auf Arbeit zurückzuführen, denn auch das Kapital wurde als ersparte akkumulierte Arbeit angesehen, wie Marx später sagte, als geronnene Arbeit. Nur Arbeit schafft eigentlich wirkliche Werte und nur Arbeit gibt einen berechtigten Anspruch auf einen Anteil an dem Ertrage der Wirtschaft, während die Grundrente auf Monopol beruht und darum als unberechtigt gilt. Speziell die Theorie der Grundrente findet dann noch eine nähere Präzisierung durch Malthus und Ricardo. Diese gingen von der Erfahrung aus, daß, wenn neues Land in Kultur genommen wird, zunächst ein Eigentum am Grundbesitz nicht besteht, und dieses Eigentum erst durch die auf das Grundstück verwendete Arbeit gewonnen wird. Es ergeben sich dann wohl durch das Maß der auf die Grundstücke verwendeten Arbeit Unterschiede in dem Ertrage. Diese Unterschiede bilden keinen Bestandteil der Grundrente. Aber wenn neues Land okkupiert wird — so sagt die Theorie —, so werden zunächst die fruchtbarsten Gegenden in Bearbeitung genommen werden, so daß neu hinzukommende Ansiedler in absteigender Folge weniger fruchtbare Gebiete okkupieren, während die unfruchtbarsten Striche herrenlos und wertlos bleiben. Es ergeben sich dann Unterschiede in dem Ertrage der Grundstücke, die von der natürlichen Fruchtbarkeit abhängen, die also nicht durch die darauf verwendete Arbeit bedingt sind. Es ergeben sich weiterhin Unterschiede aus der Lage derselben, aus dem Unterschiede der Entfernung vom Zentrum der Ansiedlung, vom Markte und von den Verkehrsstraßen. Wenn sich eine Kolonie um einzelne vorgeschobene Gehöfte herum ansiedelt, so erwächst eine Hebung des Ertrages und des Wertes aus der sich entwickelnden gesellschaftlichen Teilung und Organisation der Arbeit. Schließlich hängt ein wesentlicher Unterschied in der Bewertung der Grundstücke davon ab, ob sie sich zur Bebauung eignen und ob demnach dem Grundeigentümer ein Anteil an dem Mietwert der Häuser zufällt. Diese Vorzüge, sagt man, sind sozialer Natur; die gesteigerte Rente gegenüber dem unfruchtbarsten Grundstück und gegenüber dem Grundstück in ungünstigster Lage — sie wird jetzt im eigentlichen Sinne als Grundrente bezeichnet — beruht nicht auf der Arbeit, dem Verdienste des einzelnen, sondern auf der Arbeit der Gesellschaft, der landwirtschaftlichen Kolonie. Sie ist ein „unverdienter" Wertzuwachs und die Gemeinde, die Gesellschaft, der Staat haben einen Anspruch auf diesen Mehrertrag.

Die einzelnen Menschen werden als gleichberechtigt vorausgesetzt und das Land prinzipiell als herrenlos. Das Eigentum gilt nur soweit als berechtigt, als es der Arbeit zu danken ist. Alles übrige ist unberechtigtes Monopol. Auf diese Theorie hat namentlich Henry George mit Rücksicht auf die amerikanischen Verhältnisse und die dortige agrarische Landspekulation seine Forderung gebaut, daß die Grundrente durch den Staat einzuziehen sei, und seine Utopie, welche die Grundlage für die deutsche Bodenreformbewegung gegeben hat. Sein Buch heißt „Fortschritt und Armut" und seine Lehre geht in Übereinstimmung mit Marx (welcher auch die Kapitalrente als Monopolrente verwirft) dahin, daß mit dem Fortschritt der Wirtschaft die Armut wächst, die Arbeitslöhne fallen und die Grundrente steigen müsse, so daß die gesamte Menschheit einen immer höheren Tribut an den Grundbesitz zu entrichten habe. Darum sei der Grundbesitz die einzige absolut sichere Kapitalsanlage, es wäre nie etwas daran zu verlieren. Die Grundrente müsse fortwährend steigen, denn wenn auch hier und da Rückschläge erfolgten, so stritten sich doch bei wachsender Bevölkerung der Erde immer mehr Menschen um das Land. Diese Ausnahmestellung des Grundbesitzes berechtige auch zu einer Ausnahmsgesetzgebung gegenüber dem Grundbesitzer.

Die Theorie hat sich in der Praxis nicht bewährt, die Löhne sind überall in den letzten Jahrzehnten in Europa gestiegen und jedenfalls der landwirtschaftliche Ertrag der Grundstücke, also auch die Grundrente, ist gefallen. Tatsächlich ist auch die Voraussetzung der Theorie falsch, denn die Arbeit schafft niemals Werte und hat niemals Werte geschaffen. Der Arbeiter dient Menschen oder er dient Zwecken, Ideen, mit deren Hilfe

Werte geschaffen werden; Menschen sind es, die Werte schaffen. Freilich müssen sie auch arbeiten, aber sie müssen auch essen, trinken und schlafen, vor allen Dingen aber denken, um Werte zu schaffen, und es könnte eine Theorie gezimmert werden, die behauptet, daß es nur darauf ankomme, ein Volk gut zu ernähren, damit es wirtschaftliche Werte in Fülle produziere. Die englische Theorie von der wertschaffenden Arbeit ist aus den praktischen Bedürfnissen der aufsteigenden Industrie entstanden, welche Arbeiter brauchte, fleißige Arbeiter; und doch, wenn wir rückblicken auf die Geschichte dieser Zeit, so möchte es sehr fraglich sein, ob der damalige industrielle Aufschwung in erster Linie dem Fleiße seiner Hand- und Kopfarbeiter zu danken ist oder vielmehr denjenigen Eigenschaften, die die Engländer nicht entbehrten und auf die sie deswegen auch keine Theorie gründeten: ihrer Klugheit, ihrem Ordnungssinn, ihrem Wagemut und ihrer Herrscherkraft.

Ganz falsch ist es auch, das Eigentum durch die darauf verwendete Arbeit zu rechtfertigen. Eigentum ist in seinem Wesen Macht über andere, die der Staat oder die Gesellschaft gibt und schützt. Wenn mir meine Waffen gehören, so gewährt mir der Staat das Recht, diese Waffen anderen gegenüber zu schützen; will ein anderer sie benutzen, muß er sich meine Bedingungen gefallen lassen. Oder gewährt mir der Staat das Recht, die Grenzen meines Landbesitzes anderen zu verschließen, und will ein anderer meinen Acker bebauen, so tut er es als mein Knecht. Nicht wesentlich anders geartet ist ursprünglich das Recht über Frau, Kind und Sklaven. Der Staat verleiht dem einzelnen Machtbefugnisse, weil er dem einzelnen zutraut, daß er diese Macht so ausüben und gebrauchen werde, wie es den Zwecken der Gesamtheit am besten entspricht. Was der Staat selbst nicht leisten kann, das vertraut er dem einzelnen an. Sozialwissenschaftlich besteht durchaus kein prinzipieller Unterschied zwischen Eigentum, Lehn und Amt. Alle drei enthalten in ihrem Wesen eine Verleihung von Macht, mehr oder weniger beschränkt durch die besonderen Bedürfnisse des jeweiligen Staates. Der Zweck des Eigentums ist die Führung und Erziehung anderer Menschen, die von dem Eigentümer abhängig sind oder von ihm abhängig werden.

Weil die Genossenschaft, die Gemeinde, der Staat nicht in der Lage war, die Viehherden und das Ackerland so gut zu versorgen, wie die einzelne Familie, so hat er das Eigentum an Acker und Vieh, das wohl zuzeiten im Besitz der Genossenschaft war, dem einzelnen als Eigentum übergeben. Weil der Staat nicht in der Lage war, den Umschwung der Technik im 18. und 19. Jahrhundert für die Industrie selbst auszubeuten, so hat er die garantierten Rechte der alten Zünfte, welche die Gewerbe gleichsam als Staatsbeamte betrieben, vernichtet zugunsten der unbeschränkten freien Betätigung des Kapitals, d. h. der mit den Fortschritten der Technik ausgerüsteten Intelligenz, und er hat die Spekulation, die Konkurrenz, den Wettkampf der einzelnen zugelassen und gefördert, eine Spekulation, die niemals nach gerechtem Maße mißt, sondern die immer die Kraft, den Mut, „die Gewalt", wie Marx sagt, begünstigt und die immer vom Zufall abhängig ist, von dem Ergebnis des Kampfes, der, wie der Krieg, das Glück nicht entbehren kann. Alle Eigentumsrechte geben ein Monopol; aber auch jede überlegene Kraft, jede gelernte Kunst gibt ein Monopol.

Wie steht es nun mit dem städtischen Grundbesitz? Wie steht es mit der Frage nach der Bebauung unserer Großstädte? Kann hier der Staat die Aufgabe in die Hand nehmen, die früher dem einzelnen anvertraut war? Wird er die Spekulation, die Konkurrenz auf diesem Gebiete entbehren können, die er durch das neue Gesetz lahmzulegen im Begriffe ist?

Als in den vierziger Jahren des vorigen Jahrhunderts die deutsche Industrie ihren Aufschwung nahm, als die ländliche Bevölkerung in die Städte strömte, als die Fabriken entstanden, welche Massen von Arbeitern brauchten, stand der Staat dem Problem des städtischen Wachstums ganz ratlos gegenüber. Es kam darauf an, für Tausende und Hunderttausende von Menschen Unterkunft zu schaffen. Da setzte die Spekulation mit Grundstücken ein, und die Bauvorschriften, durch welche der Staat dieser Spekulation die Richtung weisen wollte, waren so primitiver Natur und zum Teil von ganz untergeordneten Organen aufgestellt, daß die Spekulation freie Hand hatte, nur die praktischen Bedürfnisse des Augenblicks zu berücksichtigen. So wurden denn an breiten Straßen große Gebäude errichtet, Massenquartiere für die Arbeiter, ich möchte sagen große Herbergen, in denen sie nicht eigentlich heimisch wurden, sondern die ihnen nur als Unterschlupf dienten für die Zeit, da sie nicht durch die Fabriken in Anspruch genommen wurden. Deutschland hat das Problem der Unterbringung dieser Arbeitermassen in viel glücklicherer Weise gelöst als England, welches in seinen slums schauderhafte Wohnungsverhältnisse zeitigte. In den deutschen Mietskasernen war wenigstens für die sanitären Bedürfnisse der Arbeiter gesorgt, wenn sie auch freilich tiefgreifende Schäden namentlich für das Familienleben mit sich brachten. Aber die Arbeiter wollten ja damals gar kein Heim haben. Sie wechselten häufig die Plätze ihrer Arbeit, und sie mußten sie wechseln, denn die verschiedenen Industrien mußten erst das geeignete Arbeitermaterial aussuchen und schaffen, welches sie brauchen konnten. Nur durch den Wechsel vollzog sich die Erziehung der aus ländlichen Verhältnissen stammenden Arbeiterschaft für die Bedürfnisse der Industrie. Unterdessen konsolidierte sich die Industrie zunächst in den auf diesem Gebiete führenden Staaten, vor allem in England, das heißt, es bildete sich eine Arbeiterschaft, die sich nach den einzelnen Industriezweigen spezialisierte und für bestimmte Berufsarten besonders geeignet war. Es bildete sich die gelernte Arbeiterschaft, welche nicht mehr, wie die ältere Arbeiterschaft, darauf angewiesen war, durch häufigen Wechsel der Arbeitsstätten erzogen zu werden. Diese Arbeiterschaft wußte durch den Monopolwert ihrer Arbeit höhere Löhne durchzusetzen; sie stieg in ihren Lebensansprüchen und sie erhob schließlich auch den Anspruch auf ein Heim, und diesen Anspruch unterstützte die Gesellschaft und der Staat schon im eigenen Interesse. Namentlich in England hat sich in den letzten Jahrzehnten eine großzügige Bewegung geltend gemacht, welche dem Arbeiter wieder eine wirkliche Heimat zu verschaffen versucht, in welcher das Familienleben gepflegt wird und mit dem Familienleben auch die Vaterlandsliebe und das Staatsgefühl. Auch wir in Deutschland stehen vor demselben Problem. Aber eine einfache Herübernahme des englischen Vorbildes, welches andere Grundbesitzverhältnisse und andere soziale Charaktereigenschaften zur Voraussetzung hat, ist für Deutschland nicht tunlich. Kann der Staat, oder meinetwegen die Gemeinde, das Problem lösen? Nur in diesem Falle haben sie das Recht — oder, fragen wir nichts nach dem Recht — nur in diesem Falle ist es praktisch, die Grundstückspekulation zu erdrosseln.

Freilich, unsere Grundstückspekulation hat sich einen schlechten Ruf verschafft; sie gilt fast für ein unsauberes Gewerbe. Es liegt dies zum Teil daran, daß der spekulative Charakter hier mehr zutage tritt als im Handel mit Wertpapieren oder Waren. Wenn Waren im Werte steigen, so läßt sich immer ein Grund dafür angeben, etwa eine schlechte Ernte oder ein Krieg weit hinten in der Türkei; bei Grundstücken sagt man einfach, daß die Nachbargrundstücke höher bezahlt worden sind, das Land ist eben teurer, weil es teurer geworden ist. Selbstverständlich ist der Wert von Waren und Wertpapieren geradeso von sozialen Momenten abhängig wie der Wert von Grundstücken, und wenn ich Kohlenaktien oder Bankaktien kaufe, so wird ihre Bewertung von Verhältnissen bestimmt, die ganz außerhalb meiner Tätigkeit oder meiner Macht liegen. Aber für den Grundbesitz gilt die Lehre, daß er eigentlich im Werte nicht fallen könne, wenn man nur ungünstige Zeiten überdauere. Jeder, der ein Leben gelebt hat, weiß, daß man eben nicht warten kann auf 20 oder 30 Jahre, und in der Tatsache, daß der Grundstückhandel immer mit großen Perioden zu rechnen hat, liegt ein spezielles Moment des Risikos, weil die Entwicklung in längeren Zeitabschnitten nicht vorauszusehen ist. Wenn es schon für die kaufmännischen und industriellen Unternehmungen, namentlich in Zeiten technischer Umwälzung gilt, daß die meisten Unternehmer und Spekulanten zugrunde gehen und eine verhältnismäßig kleine Anzahl große Gewinne macht, so gilt dies erst recht für die Grundstückspekulation. Es verhält sich so, wie bei den Wunderärzten, bei denen man von den Erfolgen wohl hört, aber nichts von den Mißerfolgen. Nun ist aber speziell unsere deutsche Grundstückspekulation um deswillen vielen Angriffen ausgesetzt, weil sie sozusagen auf das Etagenhaus, die Mietskaserne, dressiert ist. Die hohen Grundstückspreise in der Umgebung von Großstädten lassen sich nur bei Hochbauten realisieren; nur dann ist es möglich, den Anforderungen des Staates und der Gemeinde an breite Straßen mit teurer Pflasterung und Kanalisation zu entsprechen. Das Etagenhaus erfordert große Baublocks, und die Grundstückspekulation hat die Aufgabe, diese aus dem in der Regel zersplitterten Grundbesitz der Vorstädte zusammenzustellen und dem Bebauungsplan anzupassen. Diese Aufgabe des Grundstückshandels läßt sich aber nur durchführen bei einer genauen Kenntnis der wirtschaftlichen Verhältnisse der Besitzer des Bodens. Wo sie Land in schwachen Händen findet, setzt die Spekulation ein und sucht von dort aus zusammenzukaufen; oft nicht gerade mit sauberen Mitteln drängt sie die Besitzer zum Verkauf ihrer Grundstücke, sie muß dann wohl für Restgrundstücke, Spitzen und Winkel übertrieben hohe Preise zahlen, um das erforderliche Land zusammenzubringen. Es ist dies ein riskantes und nicht sehr schönes Geschäft. Wenn dann die Baulinie genehmigt ist, die Straßen gebaut sind, steigen freilich die Grundstücke hoch im Werte, und man wundert sich dann über die „Wucherpreise", die der Grundstückhändler fordert. Außerdem ist der Grundstückhandel oftmals liiert mit dem unsoliden Baugewerbe in den Vorstädten und mit unsauberen Geldverleihern. Alle diese Momente haben den Grundstückhandel in

Verruf gebracht. Nun war der Bau der Mietskasernen, wie er namentlich seit den 60 er und 70 er Jahren des vorigen Jahrhunderts in den Großstädten üblich geworden ist, bedingt einerseits durch die damaligen schlechten städtischen Verkehrsverhältnisse, welche dazu nötigten, die Bevölkerung auf möglichst engem Raum unterzubringen, zweitens aber entsprachen sie, wie schon gesagt, dem Bedürfnis der Bevölkerung nach einem leichten Wechsel der Wohnung. Seitdem haben sich die Verhältnisse geändert, und wir stehen vor neuen Aufgaben. Es fragt sich, können wir hierbei die Arbeit, den Scharfsinn, den Wagemut der Spekulation entbehren? Es hat wohl auch Zeiten gegeben, da der Staat selbst den Städtebau in die Hand genommen hat; die Friedrichstadt Berlins, Städte wie Karlsruhe, Mannheim sind Schöpfungen des fürstlichen Absolutismus. Aber der Städtebau dieser Zeit geht zurück auf eine alte Tradition seit den Tagen der Renaissance. Und hier bei den neuen Aufgaben, die vor uns stehen, fehlt uns jede Tradition. Es ist aber ein allgemein anerkanntes Gesetz sozialgeschichtlicher Entwicklung, daß der Staat und die Gemeinde nur dort glücklich eine wirtschaftliche Aufgabe des Volkes zu lösen vermögen, wo sie in eine bewährte Tradition eintreten, daß neue Aufgaben immer erst durch einzelne in Angriff genommen werden, und daß ihre zweckmäßige Ausgestaltung nur im Kampfe einzelner, führender Menschen zu erreichen ist, mit Gewinn und Verlust für diese führenden Menschen. Was würde nun wohl die Wirkung des Zuwachssteuergesetzes sein? Es würde die solide, die rechnende Spekulation vernichten. Dies schließt nicht aus, daß in Zeiten eines schnellen wirtschaftlichen Aufschwungs eine hastige, unsolide Spekulation eine bedeutende

Wertsteigerung städtischer Grundstücke einleiten kann. Die Steuer würde dann ohne weiteres auf den Käufer überwälzt, und der Staat würde einen bedeutenden Anteil an diesem Gewinn nehmen; er würde dann gleichsam Teilhaber an dem Bodenwucher. Aber in ruhigeren Zeiten wird infolge des Gesetzes der Grundstückhandel vollständig daniederliegen, und es werden viele Existenzen, die nicht warten können, vernichtet werden. Den Zweck, das Land billiger zu machen, wird das Gesetz kaum erreichen; es werden nur die Schwankungen zwischen Hausse und Baisse gesteigert werden, etwa mit der gleichen Wirkung, wie wenn man den Terminhandel an der Börse beschränken oder den Börsenhandel überhaupt erschweren würde. Wenn die Spekulation ausgeschaltet wird, so wird damit auch eine neue Ordnung unserer städtischen Grundbesitzverhältnisse hintangehalten. Nur von einer solchen Neuordnung aber ist die Gesundung unseres Arbeiterstandes abhängig und schließlich auch die Verbilligung unseres städtischen Bodens, denn wenn in der Tat unsere Industrie auf das Land verlegt würde und ländliche Kolonien, Gartenstädte, sich um die Fabriken ausbreiteten, dann könnte es leicht geschehen, daß die Mietskasernen, die ihren Dienst getan haben, im Werte sinken. Freilich darf der Staat nicht die Hände in den Schoß legen; gegenüber den neuen Problemen der Zeit hat er positive Aufgaben. Durch eine Neugestaltung der Bauordnung, durch Maßregeln gegen die Mißstände im Baugewerbe, durch Änderung vielleicht auch in dem Beleihungswesen des Grundbesitzes, vor allem durch Ausbau der Verkehrswege, überhaupt durch ein verständnisvolles Eingehen auf die Probleme künstlerischer und wirtschaftlicher Natur, welche der Städtebau stellt, kann er viel dazu beitragen zur Lösung der Frage, welche vielleicht die wichtigste soziale Frage der deutschen Gegenwart darstellt. Er hat eine ähnliche Aufgabe, wie zur Zeit der sogenannten sozialen Gesetzgebung auf dem Gebiete des Fabrikwesens. Damals hatte der Staat im Fabrikwesen alles der Einzelinitiative überlassen, bis er sich darauf besann, daß er hier höhere Pflichten der Aufsicht und der Beschränkung der Einzelwillkür zu erfüllen hatte. Ähnliche Aufgaben stehen ihm im Städtebau bevor. Aber durch das neue Gesetz wird er sich den Weg zu diesen Aufgaben verschließen und den veralteten Zuständen unseres Wohnungswesens Dauer verleihen.

Printed by Libri Plureos GmbH
in Hamburg, Germany